Madeleine Sémer

QUAND DIEU DEVIENT PRÉSENCE

AUTRES LIVRES DE L'AUTEURE

Élisabeth LESEUR, *Une âme pour élever le monde,*
Nouvelle Cité 2024. (Biographie spirituelle)

Chaque livre de la série **Le Couvent des Cyprès** peut être lu **séparément** même si les tomes suivent une chronologie.

Les Chemins de Mérincourt, *roman, BoD 2018.*
- Le Couvent des Cyprès I -

Les Glycines de Fourvière, *roman, BoD 2019.*
- Le Couvent des Cyprès II -

Le Temps d'Exister, *roman, BoD 2020.*
- Le Couvent des Cyprès III -

Traversée sous la Lumière, *roman, BoD 2024,*
Amazon 2022. - Le Couvent des Cyprès IV -

Le Journal de sœur Aymy, *roman, BoD 2024,*
Amazon 2023. - Le Couvent des Cyprès V –

L'inespéré est toujours certain, *roman, BoD 2024*
- Le Couvent des Cyprès VI –

Le voyage des Sœurs, *roman, BoD 2025,*
- Le Couvent des Cyprès VII –

La coccinelle de Jahan, *nouvelle, Nouvelle Cité 2022.*

Les livres sont disponibles dans toutes les librairies sur demande ou sur tous sites internet de ventes aussi bien en livre *broché* qu'en *ebook* pour liseuse.

Les tomes V et VI (*Le Journal de sœur Aymy et L'Inespéré est toujours certain*) sont en caractères bien visibles permettant une lecture facile pour les personnes ayant besoin d'une lecture aérée sur papier blanc.

Édition : BoD · Books on Demand, 31 avenue Saint-Rémy, 57600 Forbach, bod@bod.fr

Impression : Libri Plureos GmbH, Friedensallee 273, 22763 Hamburg (Allemagne)

ISBN : 978-2-8106-2726-4
Dépôt légal : Février 2025

Madeleine Sémer

(Héloïse Rémès 1874-1921)

QUAND DIEU DEVIENT PRÉSENCE

De l'athéisme à la vie mystique

Biographie spirituelle

(D'après l'ouvrage de F. KLEIN)

Inès *DELAJOIE*

Heureux les cœurs purs, car ils verront Dieu.

(Évangile de Matthieu 5, 8.)

SOURCES

**- Madeleine Sémer « Une expérience religieuse »
Convertie et mystique (1874-1921)**

Abbé Félix KLEIN, Paris Librairie BLOUD & GAY

3, rue Garancière. 1925. 24e Édition.

Sigle utilisé pour les citations de Madeleine Sémer issues de cet ouvrage : « K. » suivi du numéro de page.

**- Revue de sciences religieuses. Année 1925.
« Chroniques d'histoire moderne » p. 651-669.**

Félix VERNET

Sigle utilisé : « F.V »

PLAN DES CHAPITRES

INTRODUCTION

Après avoir écrit sur Élisabeth LESEUR (Éd. NC. 2024), une femme au parcours spirituel étonnant, je découvrais chez Madeleine SÉMER un autre chemin surprenant comportant de grandes similitudes : même époque charnière entre le XIXe et XXe siècle, même indépendance d'esprit et goût de la lecture philosophique et libre, même tempérament humainement bon, même origine dans un milieu aisé, même habitude de rédiger un *Journal* et d'entretenir des correspondances, même solitude et isolement, même « conversion » extraordinaire et même envahissement progressif du divin jusqu'à l'apparition d'une vie mystique et humainement proche de la sainteté. Il m'a semblé important de ne pas laisser inconnu ce chemin édifiant.

Héloïse Rémès, connue sous le nom Madeleine Sémer, est née à Genève en 1874. Son nom patronyme sera transformé par l'Abbé Félix Klein qui l'a rencontrée à Paris. Impressionné par sa vie, il écrit sa biographie. L'ouvrage sera lu par de nombreux catholiques et réédités plusieurs fois. Ce livre s'inspire essentiellement de cette source puisque les écrits personnels de Madeleine Sémer n'ont pas été publiés. Il a pour but de faire connaître ce témoignage de vie extraordinaire à bien des égards dans l'ordinaire d'une vie peu banale. De l'ouvrage de Félix Klein, je me suis efforcée de retenir les citations des écrits de Madeleine Sémer et les faits qui ont jalonné et orienté sa vie. Peu de commentaires y sont ajoutés afin de laisser pleinement la parole à celle qui deviendra une grande chrétienne.

Aujourd'hui encore, les mots de Madeleine Sémer peuvent nous intéresser : ils sont « sans filtre » et révèlent une grande profondeur. L'auteure tient un *Journal* ; nous y côtoyons à la fois ses expériences humaines et ensuite, progressivement, l'infusion délicate de Dieu. Son cheminement spirituel nous enseigne, nous surprend, nous fait percevoir son ascension édifiante vers une qualité de vie intérieure et extérieure rare. Par ailleurs, l'irruption douce du

Dieu des chrétiens dans l'âme de Madeleine nous dit bien des choses sur ce qu'Il est.

Le parcours humain de Madeleine Sémer n'est pas commun non plus : issue d'un milieu favorisé, divorcée à ses torts pour adultère et rapidement seule car séparée de son fils unique Paul que son père reprend ; à 35 ans, en 1909, Madeleine s'exile d'Algérie (où son père travaillait) pour gagner Paris. Bientôt sans argent, elle recherche des emplois pour assurer son logement et sa subsistance. Cela s'avère très difficile ; Madeleine vivra à la limite de la pauvreté pendant bien des années et devra son hébergement, trouvé *in extremis,* à la générosité de la supérieure d'un couvent de Paris. Pourtant, Héloïse Rémès demeure toujours à cette époque, une jeune femme athée convaincue, d'une grande indépendance de pensées, affinant son esprit au gré de multiples lectures.

Cependant, enfant, la petite Héloïse a bien été élevée dans la foi mais vers 13 ans, elle la perd radicalement. Dans une lettre à une proche parente, lorsqu'elle a 20 ans (le 3 août 1904), elle s'exprime ainsi : *Je me souviens de mes transports de foi vers douze ou treize ans... Je serais devenue dans cette voie une sainte Thérèse. On m'a laissé communier à dix ans, tellement j'avais étonné l'évêque au catéchisme. Aussi à treize ans et demi, avant quatorze, le voile s'est déchiré... (K.6).*

Adolescente, Madeleine lit beaucoup d'ouvrages de son époque (Renan et d'autres) qui confirment à ses yeux la nullité des Écritures. Elle perçoit la croyance chrétienne par l'écran de la raison pure et les arguments d'une de ses correspondantes sur l'existence de Dieu lui apparaissent comme des *preuves naïves et enfantines au dernier point (K.6).* La suite de cette lettre de Madeleine n'est que plaisanteries sur plusieurs thèmes que l'Église soutient, et ses incohérences (condamnation de Galilée, interdiction aux catholiques de lire certains écrits etc.). À partir de ce temps de rupture, Madeleine n'aura plus aucun sens religieux ni aucun rapport avec l'Église.

Comment alors, dans ce chemin d'indépendance d'esprit et dans ce parcours d'humanité éprouvée par la vie, atteindra-t-il des sommets mystiques bien des années plus tard ? Les voies de Dieu se montrent mystérieuses et persévérantes… Nous comprendrons au fil des pages l'infléchissement de la fière et intelligente Héloïse Rémès vers l'Amour divin. Sa voie nous enseigne que la Grâce, excessivement personnelle, infiniment douce et éminemment respectueuse surmonte tous les obstacles. À tel point que

Madeleine Sémer deviendra celle qui ne vivra plus que de Lui Seul, désormais. Bien des étapes conduiront vers des sommets mystiques ; ces pages vous les feront découvrir particulièrement par les deux derniers chapitres, quintessences de cet ouvrage.

Que depuis la Lumière et l'Amour, Madeleine Sémer puisse continuer de toucher les âmes et les cœurs.

CHAPITRE I

QUI EST MADELEINE SÉMER ?

Brève biographie

Héloïse RÉMÈS est le nom de naissance de Madeleine Sémer. Par discrétion, son biographe, l'Abbé Félix Klein, qui écrit sa vie seulement deux ans après sa mort, il utilise le palindrome de « Sémer ». Quant à son prénom, Madeleine, c'est celui qu'Héloïse Rémès se choisit lors de sa conversion chrétienne en référence au personnage de l'Évangile dont elle se sent proche.

Quelques repères : née le 9 avril 1874 à Genève, Madeleine Sémer termine sa vie terrestre à Paris, dans la nuit du 7 au 8 mai 1921. L'Abbé Félix Klein, qui l'a connue de son vivant, sera couronné par l'Académie Française pour son ouvrage qu'il documentera de nombreuses sources directes : citations issues du *Journal*, correspondances ou encore notes de Madeleine et témoignages de proches. Félix Klein décèle dans ses écrits des voies inhabituelles et suffisamment consistantes pour être livrées, avec l'accord de sa famille, au grand public. Son livre paru dès 1923, sera primé en 1924 mais n'est plus édité actuellement. Une annexe à la fin de cet ouvrage apporte des précisions sur ce prêtre biographe.

L'origine de la famille de Madeleine se situe en Languedoc et en Aveyron. Son père travaillait comme ingénieur à Genève au moment de sa naissance. Il admirait les écrits de Jean-Jacques Rousseau et, pour cette raison, il nommera sa fille « Héloïse ». La famille retrouve la France dès que Madeleine est âgée de 4 ans et s'installe à Toulouse, Lavaur puis Montréjean. Le milieu bénéficie d'un bon niveau de vie avec les revenus provenant du père de famille.

Enfant, Madeleine reçoit une éducation dans des écoles chrétiennes ; avec brio, elle se distingue en catéchisme. Elle vit avec ferveur sa première communion néanmoins son instruction religieuse s'arrête à treize ans et elle prépare le brevet élémentaire. Ses écrits montrent une excellente maîtrise de la langue française avec la richesse de vocabulaire d'une grande lectrice. Ses parents se déplacent beaucoup. Encore jeune, sa mère subit une longue maladie qui l'emportera alors que Madeleine n'a que quinze ans. Avec dévouement, l'aînée soigne sa mère et s'occupe, après son décès, de ses deux jeunes sœurs qui l'appelleront alors « petite maman ».

La jeune Héloïse Rémès déménage en 1890 à Constantine en Algérie où son père, ingénieur civil, devient responsable des travaux à Coudiat-Aty. À seize ans, elle se fiance avec un conseiller général et se marie civilement un an plus tard, en septembre 1891. À dix-neuf ans, elle accueille la naissance de son fils unique, Paul, qu'elle élèvera ensuite sans aucune référence à la foi. Par son esprit affûté, son élégance dans ce milieu aisé, Madeleine brille dans les salons et attire beaucoup de sympathie. La belle et cultivée Héloïse Rémès mène une vie mondaine, agréable et sereine. Malheureusement, comme dans un triste roman, cette vie humainement comblée va brusquement s'écrouler : une femme rivale vole des lettres ; Héloïse s'est rendue coupable d'adultère. Le divorce est prononcé à ses torts à la suite d'un procès dans lequel l'accusée ne souhaite pas se défendre.

En septembre 1907, la brillante jeune femme de trente-trois ans doit tout abandonner et s'exiler avec son fils Paul et sa jeune sœur encore célibataire, à trois cents kilomètres de là, à Alger. Elle y passera deux ans, aidée par des proches, dans une existence beaucoup plus austère. Grande lectrice, Madeleine continue de lire à profusion pendant cette période : Montaigne, Rousseau, Condorcet, Georg Büchner et Nietzsche qui la conforte dans son scepticisme.

Fin juillet 1908, elle doit laisser partir son fils Paul qui rejoint son père. Dans une lettre, alors que sa douleur est immense, elle écrit à une amie : *Je ne peux me faire à l'idée qu'il m'a quittée pour presque toujours (K.9)*. En 1909, seule et désormais sans ressources, elle s'embarque pour la France et rejoint Paris pour y gagner sa vie. Nous connaîtrons sa vie par son *Journal* qu'elle commence en 1910 et nomme *Pensées de solitude*. L'écriture est un précieux refuge dans sa situation de femme isolée. À Paris, après avoir épuisé l'argent dont elle dispose sans trouver de travail, Madeleine Sémer est recueillie par la prieure d'un couvent de l'avenue Malakoff, touchée par sa situation.

Ce n'est qu'en février 1910, après de longues recherches qu'elle trouve enfin un emploi de gouvernante pour quelques mois. Madeleine enchaînera ensuite plusieurs places, certaines où elle se sent une étrangère et souffre d'être humiliée, d'autres où elle pourra pleinement s'épanouir comme nous le verrons dans le chapitre V.

Après un étonnant parcours jalonné de péripéties et d'inattendus évènements, Madeleine qui a traversé la guerre de 1914-1918 avec courage et dont la santé ne laisse présager aucune inquiétude, va brusquement souffrir, le 2 mai 1921, d'une occlusion des voies digestives. Dans un premier temps, les médecins ne voient pas de nécessité de l'opérer. Le 5 mai, jour de l'Ascension, un chirurgien intervient en urgence sans préparation. C'est un jour férié, l'Abbé Klein soupçonne qu'il n'y a pas de garde malade. Madeleine souffre énormément pendant soixante heures, précise son biographe (K.268), et meurt dans la nuit le 8 mai 1921 dans le 14e arrondissement de Paris, à l'âge de quarante-sept ans.

CHAPITRE II

ATTITRÉE PAR LE BEAU ET LE BIEN

Par tempérament, Héloïse Rémès possède une nature généreuse qui se donne. Ses deux jeunes sœurs sont l'objet de sa tendresse et l'admirent beaucoup. Madeleine, dès l'âge de quinze ans, après le décès de sa mère, sera une seconde maman pour elles. Dans son *Journal* qu'elle écrit avec sincérité et précision, elle note le 28 février 1910, à trente-six ans :

Hier, faisant le tour de moi-même, le compte de mes puissances, j'ai arrêté que j'avais le génie du cœur, l'instinct d'aimer les autres pour eux-mêmes, le goût du plaisir d'autrui causé par moi, le désir d'être celle qui donne, qui comprend, qui pardonne, qui console et protège, plus que le désir d'être comprise, pardonnée etc. En remontant à mes premières années de jeunesse, j'ai retrouvé, inconscientes encore, toutes les audaces du cœur, les hardiesses généreuses pour les autres. Jamais dans mon entourage, dans les héros de mes lectures, je ne me suis sentie dépassée dans les possibilités de dévouement et de sacrifice. Toujours j'ai rêvé au-delà, j'ai désiré davantage (K.3).

Ces mots nous donnent à penser ; on croirait qu'ils sont ceux d'une chrétienne qui met en pratique l'Évangile, pourtant il n'en est rien ! Madeleine ne vit consciemment que la donnée humaine de l'amour. Dès l'âge de dix-neuf ans, l'amour maternel pour son fils Paul sera le grand pilier de sa vie et la solitude, qu'elle vivra ensuite loin de lui, sera d'autant plus grande quand son père décide de le garder.

Jusqu'à l'âge de treize ans, elle a reçu par sa mère le goût du bien et par son éducation religieuse de bonnes bases. Comme nous l'avons vu dans l'introduction, Madeleine écrivait : *Je serai devenue une sainte Thérèse.* Le fait d'avoir dû remplacer sa mère auprès de ses deux jeunes sœurs a certainement développé en profondeur ses prédispositions à la relation aimante d'autrui.

Tout au long de son parcours, Madeleine Sémer restera toujours une femme de cœur, fidèle et dévouée en amitié. Lorsque le père d'une élève meurt, après l'avoir assisté dans son agonie, elle continue le lien avec sa fille. Celle-ci, orpheline, aimera Madeleine comme une seconde mère. Dans une lettre qu'elle lui adresse, notre héroïne la nomme *ma chérie* et termine par : *Je vous serre dans mes bras* (K.39). Madeleine Sémer, libre et indépendante dans ses pensées, se montrera femme préoccupée de l'attention aux autres.

CHAPITRE III

UNE PHILOSOPHIE DE VIE SANS DIEU

Avant d'écrire son *Journal* (à partir de 1910 seulement), Madeleine a l'habitude de noter ses lectures et en recopie un certain nombre d'extraits. À l'âge de vingt-cinq ans, les philosophes y apparaissent : Montaigne est beaucoup cité. Elle souligne cette phrase de l'auteur : « Je donne librement mon opinion de toutes choses ». On reconnaît l'intérêt que Madeleine porte à sa liberté d'esprit et à son scepticisme. Elle copie une page de Nietzsche : « Qu'on ne se laisse point égarer : les grands esprits sont des sceptiques ; la force et la liberté, issues de la vigueur et de la plénitude, se démontrent par le scepticisme ».

Madeleine retient avec force tout ce qui démontre que le christianisme n'est que servitude. De Jean-Jacques Rousseau, elle cite le passage du

« Contrat Social » : « Le christianisme ne prêchant que servitude et dépendance, les vrais chrétiens sont faits pour être esclaves ». Condorcet la renforce également dans son athéisme : « Le mépris des sciences humaines était un des premiers caractères du christianisme. Il avait à se venger des outrages de la philosophie, il craignait cet esprit d'examen de doute, cette confiance en sa propre raison, (Madeleine souligne les trois mots qui suivent) fléau de toutes ! les croyances religieuses ».

À son époque, on oppose beaucoup foi et raison (l'avènement de nouvelles sciences et techniques du début du XXe bouleverse la société) et si nos contemporains n'ont plus les mêmes débats, Madeleine baigne dans cette atmosphère prégnante. L'Église soutient encore des positions (sur la condamnation de Galilée par exemple dont Madeleine plaisante) abandonnées depuis, qui s'opposent à la science dont les pas de géants éblouissent nombre d'intellectuels. Les chrétiens sont « interdits » de certains écrits : Madeleine s'insurge contre l'infantilisme dont elle perçoit le pouvoir sur les esprits.

Grande lectrice de tout ce qui passe entre ses mains, Madeleine côtoie les Pensées de Pascal ou lit François de Sales, pourtant, à ce moment-là, elle n'en est pas touchée. L'heure de la grâce sera plus lointaine. L'auteur qui fait le plus impression sur Madeleine est Nietzsche. Dans une longue lettre à une amie chrétienne, Madeleine affirme avec supériorité son athéisme sans ménagement, elle lui écrit :

Tes preuves, ta manière de prouver sont naïves, enfantines au dernier point... Ma pauvre enfant, ne nous parle plus de tout cela, le divorce est complet.

Il y a une chose dont on leur les catholiques) défend l'usage : c'est la raison (K.6).

Il y a aussi la lecture « littérale » des Écritures proposée dont Madeleine se moque. Elle ne décèle aucun message plus profond et rétorque à son amie tout ce qui s'oppose à la raison. Dieu n'est plus présent ni dans son esprit ni dans son cœur pour de nombreuses années.

Comme un idéal, au temps difficiles de l'isolement, des humiliations, à quoi se raccroche-t-elle ? À sa volonté de rester digne, à sa force interne et personnelle de vie puisqu'elle avoue que sa douleur « cachée le jour par l'orgueil, ne se reposait que dans les larmes la nuit » (K.6), mais également de ce que Romain Rolland écrit de son héros « Jean-Christophe à Paris » : « Qui priait-il ? Qui pouvait-il prier ? Il ne croyait pas en Dieu, il croyait qu'il n'y avait point de Dieu. Mais il fallait prier, il fallait se prier » (K.19).

Et c'est donc avec cette philosophie de volonté humaine de « se prier elle-même » qu'elle traverse les épreuves. Ce n'est pas encore le temps de Dieu, c'est le temps d'Héloïse (puisque Madeleine sera le prénom choisi lors de sa conversion), seule, avec sa raison, sa volonté et un bon équilibre de santé sans doute.

Le 6 août 1909, elle décrit dans une lettre cette attitude qui lui permet de continuer son rude chemin : *Être vite au-dessus d'une peine, c'est une obligation pour un cœur courageux, et plus tu vieilliras, plus tu sentiras qu'on ne peut jamais juger un caractère tant qu'il n'a pas donné ses preuves dans la déception et le malheur (K.9).*

Lorsqu'elle doit envisager de se loger dans un couvent à Paris, elle garde les préjugés sur ce genre de lieu que l'Abbé Klein note comme « maison à l'esprit étroit » (K.21). Avant de trouver un emploi après de longs mois, elle écrit dans son *Journal, le 17 janvier 1910 : Hier soir dans la pleine conscience de ma faiblesse et de mon impuissance, j'ai senti, j'ai touché la force et le courage. Dans un moment d'émotion où, les yeux pleins de larmes, les mains jointes, je me suis « priée » avec un désir infini de rester belle et bonne dans mon âme, dans mes intentions et dans mes actes. Et mon cœur s'est rempli d'une douceur que l'amour et les joies de la vie ne m'ont jamais donnée plus grande* (K.27).

Madeleine en appelle à la seule volonté humaine, à son penchant pour le bien et à sa force de vie. Sans être de nature religieuse, elle ressent une émotion importante à ces pensées. Être digne et être courageuse : voici son socle. Elle redit aussi (1911) sa *volonté de Bien ferme, du Bien des hommes* (K.49).

Face à la vie, Madeleine s'emploie à « se prier « et « être digne » : ce sera toute sa philosophie de vie avant sa conversion.

CHAPITRE IV

LES LECTURES ET LES RENCONTRES

Les certitudes que Madeleine garde chevillées au corps proviennent beaucoup de ses lectures et de ses rencontres. Le décès de sa mère, alors qu'elle n'a que quinze ans, accentuera sans doute une grande liberté en même temps qu'une blessure profonde.

Le *Journal* de Madeleine ne débute qu'en 1910 (après son arrivée à Paris), auparavant les copies des passages de ses lectures montrent bien ce qu'elle retient d'important. Avant 1899, c'est-à-dire l'âge de vingt-cinq ans, Madeleine ne garde que peu d'extraits d'ouvrages philosophiques ou sociaux (seulement quelques pages de Rousseau et une de Platon). La période qui précède son retour en France, elle note quelques phrases de Pascal, Montaigne mais surtout celles qui la renforcent dans son athéisme. De Guyau, elle retient : « à l'heure de la mort et malgré l'appel des religions, l'acte de foi est la suprême faiblesse ». Cette idée lui paraît si importante qu'elle recopie un long passage des *Souvenirs de Jeunesse* du célèbre Renan (K.14). Ou encore ces mots tracés : *les convictions sont des prisons (K.15).* Résolument, Madeleine est concentrée sur tout ce qui entretient son athéisme. Elle garde sa liberté de penser et dans ses lectures tous azimuts, elle retient ce qui la conforte dans cette vue d'indépendance et de raison scientiste.

Quand Madeleine trouve son premier emploi, elle continue à se nourrir de Nietzsche. On apprend qu'elle le lit souvent dans son *Journal :... Avoir porté en soi cette semaine les pensées qui auraient plu à Nietzsche, avoir conscience que bien des jours on aurait pu le comprendre, l'apaiser, le consoler, lui plaire, - et réussir à l'antichambre et à l'office ! Ce soir j'en souris. Je relis sa Vie. Presque toutes ses idées me plaisent.../... Pourquoi toujours tragique et si loin de la sérénité qu'il prêchait tant ?.... Il devait souffrir de tout. Depuis une semaine, je n'ai causé qu'avec Nietzsche. « J'ai reçu et j'ai donné »* (K.29).

La jeune femme seule avec son héros, s'identifie à lui et se réconforte ainsi. Sa vie intérieure continue d'être très loin de la foi chrétienne même si elle réside dans un couvent entourée de sœurs et de prières. Ce n'est qu'au commencement de mai 1911, à l'âge de trente-sept ans qu'elle lit les « Lettres de Jeunesse » de Fromentin et d'autres de ses écrits qui, d'après ce qu'écrit Félix Klein, « exerce plutôt sur elle une bonne influence » (K.41).

Un temps de recul lui fait écrire le 27 juin 1911 :... *Hier soir, je m'imaginais, je sentais mon cœur comme une coupe pleine que le moindre choc, la plus petite goutte allait faire déborder. Je n'ai pas pleuré, cependant ; j'ai pensé au passé, descendant dans les souvenirs, allant de l'un à l'autre sans amertume, regardant de loin et de haut les moments d'amour, de peine, de misère* (K.42).

Une nouvelle lecture des lettres de Bossuet lui fait noter : *Sa pensée laboure dans la mienne* (K.43). Elle continue de lire Salammbô et la Vie de Nietzsche.

En 1912, Madeleine fléchit dans son rapprochement vers les douceurs de la foi entrevue en Allemagne. Elle poursuit la lecture des philosophes et reprend ses pensées habituelles, le 18 mars : *À l'église : « Bienheureux les cœurs purs, car ils verront Dieu... » Cela peut être vrai même du Dieu de Feuerbach qui n'est autre chose que l'essence de la raison ; L'Église est faite pour le désespoir ou pour la faiblesse.* (K.58).

Madeleine lit aussi Maeterlink, le lundi de Pâques 1912, elle exprime son idée de relativisme : croire ou ne pas croire quelle importance ?

Après l'expérience spirituelle majeure que vivra Madeleine au soir du 9 avril 1912 (voir chapitre VI), les lectures passent de Büchner à Bergson et la lectrice assidue s'oriente vers une philosophie différente et vers des questionnements. Tout est encore vague mais le matérialisme et le déterminisme ne l'emprisonnent plus. Une autre liberté s'ébauche mêlée à son ressenti :

Dans son *Journal, le 12 mai 1912 : Ce que nous croyons fermement, ce que nous sentons, est sans doute notre Vérité. La mienne, en toute sincérité, est l'amour de la volonté de perfectionnement. Elle n'est pas toujours en accord avec le bien des hommes, elle se rapproche et se confond souvent avec celui de l'Évangile ; parfois elle est seule dans ma pensée et je la porte alors si vivement qu'elle m'inonde de douceur et de force.*

Pendant les deux calmes années passées chez madame A.S (1912-1914), Madeleine lira Goethe, Barrès, Gosse, Schneider, Emerson entre autres, ainsi que les Pensées de Pascal, Saint-François de Sales, Lacordaire, Vincent de Paul, Boutroux. Sur un cahier entier, Madeleine recopie des citations de ces auteurs qu'elle veut retenir. Nous pouvons citer la phrase qui montre son cheminement vers Dieu (Les raisons du cœur, Edouard Schneider) :

Cet être mystérieux, qui m'apparaît sous la forme d'une conscience illimitée, je le nomme spontanément Dieu, car tel est le vocable que de tout temps les hommes employèrent pour exprimer cette force surhumaine qu'ils éprouvèrent au fond de leur âme.../... Dieu est donc pour moi le nom symbolique du principe intérieur qui me dépasse tout en étant au centre de moi-même, et qui se révèle comme la conscience suprême à ma conscience individuelle (K.79-80).

De Saint-François de Sales, au sujet de Dieu, Madeleine note l'expression « suavité de sa présence » (K.81). Newman deviendra son auteur favori, elle découvrira aussi Ozanam, Graty, Jean de la Croix, Thérèse d'Avila, Angèle de Foligno, le P. Tissot. Et lorsque Dieu devient plus présent en elle, elle confie à son *Journal* à propos de ses lectures : *J'ai besoin de nourrir, d'exalter l'amour que je porte en moi, de le rassasier, de le purifier.* (K.86).

Avant d'en arriver là, voyons en détail la vie de Madeleine.

CHAPITRE V

VIE DE MADELEINE SÉMER À PARIS

À son arrivée à Paris en 1909 à l'âge de trente-cinq ans, Madeleine, seule, doit trouver un emploi : elle essuie de nombreux refus dans les bureaux de placement de l'époque qui ne ressemble en rien à « France-Travail » d'aujourd'hui ! La jeune femme s'aperçoit que son niveau d'instruction et son élégance (elle porte les vêtements qu'elle a en sa possession), son manque de recommandations ainsi que son statut de divorcée la desservent. Ses maigres ressourcent l'obligent à se loger dans un premier temps dans des pensions peu onéreuses. Elle doit se déplacer pour ses recherches et dépense de l'argent en frais de transport. N'ayant plus assez d'économie, elle part d'une pension et se met à la recherche d'un couvent, moins cher. En même temps qu'on lui conseille, elle se souvient de celui de la rue

Malakoff où elle avait autrefois rendu visite à des jeunes filles (K.21).

Madeleine y entre avec l'idée que la situation sur son passé et son habillement risquent de lui faire du tort dans ce lieu très catholique. La Supérieure qui l'accueille lui apprend qu'il n'y a plus de chambre libre (ce qui est vrai). De prime abord, le ton que Madeleine perçoit se montre peu engageant et elle se rend compte de son impasse. Son expression de visage exprime alors une telle détresse (K.21) que la Supérieure qui la reçoit est ébranlée. Finalement, Madeleine est accueillie au couvent et si les sœurs lui offrent un visage agréable, ce n'est pas le cas des autres pensionnaires, si différentes d'elle. Son élégance détourne les regards, heureusement une Américaine sympathise avec elle et Madeleine peut passer ses soirées en sa compagnie dans sa chambre, située sous les toits comme la sienne mais un peu plus vaste.

Lors d'un repas, Madeleine ne peut s'empêcher de montrer fièrement la photographie de son fils Paul. La réaction des convives ne lui voyant pas d'alliance au doigt s'avère hostile. Les pensionnaires mènent l'enquête et apprennent que Madeleine est divorcée. À cette époque, quel scandale ! Pour calmer les esprits, la généreuse Supérieure défend Madeleine et explique que son mariage n'a été que civil. Cependant, cette mise au point n'attire pas pour autant ses voisines. Madeleine, d'ailleurs, rapporte dans une lettre avoir été *épouvantée des vieilles et laides personnes qui étaient alentour* (K24). Elle ressent de la tristesse. Dans des confidences à sa sœur, Madeleine avoue qu'elle pleure beaucoup et s'ennuie, malgré le temps passé à la lecture : *la lecture est l'alcool, l'opium de ses chagrins* (K.24). Loin de sa famille, elle souffre beaucoup d'isolement. Et quand elle commencera à écrire son *Journal*, elle écrira d'abord qu'elle n'a pas vu son fils depuis le 11 juillet 1909, ses sœurs depuis le 1er (K.26).

Et puis, il y a le problème financier : ses maigres économies s'épuisent depuis son arrivée du 14 octobre 1909 au couvent et Madeleine connaît pour la première fois le devoir d'économie au franc près. Elle découvre aussi l'absence de confort ; la *minuscule cuvette* (K.24) de sa chambre de bonne la change de ses habitudes de sa précédente vie aisée. Néanmoins, Le plus difficile n'est pas là ; la recherche d'un travail l'épuise et la démoralise. Pendant trois longs mois, avec humiliation, elle subit des refus. Alors qu'enfin elle se réjouit, elle essuie le revers causé par un dentiste cherchant une assistante qui revient sur sa parole le lendemain même, influencé par sa femme. Madeleine ne trouve rien. Au couvent pendant un mois elle doit se loger à crédit ! En janvier 1910, elle note qu'une place est proposée à Bucarest et la distance l'a fait pleurer. Le projet n'aboutit pas et elle pleure de n'avoir toujours aucun travail. La situation devient vraiment angoissante.

Enfin, une baronne Sud-américaine recherche quelqu'un pour diriger ses employés. Le 17 février 1910, Madeleine quitte le couvent pour son premier jour de travail ! Elle écrit dans son *Journal : douceur, empressement, mélancolie. Grand luxe à table ce matin. Ce soir, dîner à l'office* (K.29).

Et *le 1ᵉʳ mars : Aujourd'hui premier argent gagné ; première dette diminuée. Grande joie.*

Le 20 mars :... Petits devoirs ! Petits plaisirs, mais grand luxe. Sur 100 francs gagnés, 95,60 F envoyés... ailleurs. Chère illusion de la richesse et seule consolation.

Mais l'insécurité matérielle dont elle avait pu sortir se représente à nouveau ; une « circonstance de famille » l'oblige à quitter sa place (K.32). Madeleine reprend bientôt les démarches pour la recherche d'un autre travail pendant plus d'un mois. Son *Journal* est jalonné de déception : *Nouvelles démarches, tristes espoirs*

(K.34). Madeleine s'occupe (elle reprend l'anglais et fait des visites) et, au milieu de ses découragements, elle rêve d'une *tâche utile et bonne* (K.35).

Finalement, une nouvelle place se présente, Madeleine pourra vivre une période de douce accalmie de mai 1910 à janvier 1911. Il s'agit de s'occuper d'une enfant (orpheline de mère) âgée de douze ans d'un noble haut diplomate. Cette mission comble Madeleine ; ses fonctions d'institutrice et d'éducatrice auprès d'une élève réceptive et affectueuse lui conviennent à merveille. Plus le temps ni le besoin d'écrire son *Journal* ! Madeleine note à propos de ces huit mois épanouissants avec son élève : *Réussite dans ma tâche ; affection et pleine confiance gagnées très vite.* Grâce à cet emploi, Madeleine a pu séjourner avec son élève seule, à Deauville puis dans un couvent près de Brighton. Malheureusement, une modification politique prive le père diplomate de ses fonctions et Madeleine, même si elle propose de rester auprès de son élève sans être rémunérée, se voit refuser cette offre généreuse. Il faut à nouveau se mettre en recherche et passer, au début 1911 et pour deux ans, sa vie dans une autre maison : certes, cela la met à l'abri des soucis matériels mais elle n'y vit plus du tout l'affection et la chaleur ressenties auprès du foyer avec sa chère élève. Le 2 février 1911, Madeleine note : *Bonne volonté, confiance, mais tristesse* (K.41). Et elle nomme son nouveau lieu de travail : *la famille étrangère* (K.41).

Le 9 avril 1911, Madeleine a trente-sept ans et continue de décrire des sentiments contrastés : souffrance ou paix. Elle perçoit dans cette famille où elle sert une réalité : *j'y ai senti un peu plus fort l'injustice, peut-être obligée, de celui qui commande et de celui qui obéit* (K.42). Quelques jours plus tard : *J'ai trouvé lourd de servir, d'être aux autres* (K.42). Le 24 juillet 1911, Madeleine *quitte Paris, seule et souffrante* (K.43) pour suivre la famille étrangère qui séjournera en Bavière, en Autriche et en Saxe. Elle apprécie les montagnes, la riche vie culturelle mais souffre toujours d'être celle qui sert et qui voit sa dignité mise à mal par des paroles ou des silences (K.45). Madeleine s'interroge : *… je commence à trouver qu'il n'est pas digne et courageux, pour gagner plus, de supporter certaines choses …/… Mélancolie profonde tous ces jours. Vil sentiment de mon inutilité, dans mes pauvres devoirs* (K.45).

Dans cette famille où elle ne se sent pas aimée, Madeleine est éprouvée et avoue avoir du mal à cacher ses larmes à table ou à la promenade. Son état de « domestique » et même son excès de zèle, qu'on semble lui reprocher, font peser une hostilité qu'elle a du mal à supporter. Elle rêve d'un ailleurs avec les 300 francs qu'elle a réussi à économiser et qui lui paraissent alors une fortune. Le goût du beau lors de son séjour à Munich s'épanouit dans la visite des musées et l'admiration des peintres dont Rembrandt, Rubens, le Christ de Guido Remi l'impressionne. Plusieurs portraits de Tintoretto et Titien l'enchantent. La musique aussi lui plaît : elle écoute Wagner à l'Opéra de Dresde : *j'étais toute musique* (K.51). Sa sensibilité vibre aussi en voyant la nature dans les imposantes forêts d'automne.

En novembre 1912, c'est le retour d'Allemagne à Paris. Elle revoit son fils Paul mais reste assujettie à son travail dont l'atmosphère la fait toujours souffrir. Une surprise l'attend dans ce morne quotidien : elle est demandée en mariage ! Un homme a su l'apprécier et elle lui répond par lettre en l'appelant « mon Ami » (K.54). Elle se dit *touchée, fière et reconnaissante* (K.54) mais nomme « rêve » le projet de son prétendant auquel elle répond avec délicatesse mais fermeté qu'elle ne souhaite pas autre chose que de l'amitié. Dans son *Journal*, on comprend mieux : *Demande de X ... Tristesse d'une crainte de complication, de l'ennui de refuser. Tout s'arrangera, je crois, pour le mieux de notre amitié* (K.55).

Dans son emploi, un apaisement lui apporte un peu de repos. Le 27 décembre 1912, elle note : *Je suis mieux ; de nouveau au-dessus de ma peine, je peux y penser sans désespérance, je cherche et vois ce qui peut l'adoucir.../... Autour de moi plus d'égards, moins de peine* (K.55). La veille du 31 décembre, Madeleine refuse d'aller à l'Opéra pour se réserver un temps à la *joie d'être seule ou plutôt avec mes souvenirs et mes tendresses* (K.56).

L'année 1912 commence paisiblement avant d'autres soucis : son fils Paul tombe malade et elle subit *l'accusation de domestiques aussi ignoble que fausse* (K.57). En mars 1912, c'est le retour à la mélancolie. Elle se désole après avoir chanté au piano quelques instants : *Entendre ma voix, c'est penser que je ne chante plus, que je ne peux plus le faire. C'est l'émotion et la tristesse du bouquet de violettes qui témoigne surtout que je n'ai plus de fleurs. Les exceptions douces confirment ma règle dure* (K.57). Pourtant ce mois de mars 1912 lui apporte aussi des visites au Louvre qu'elle apprécie et des entretiens avec des amis. Elle lit avec goût des ouvrages qui traitent de thèmes métaphasiques qu'elle affectionne. Madeleine se délecte d'auteurs qui traitent avec absolu leur sujet. Pourtant, elle n'est pas une pure intellectuelle, elle se souvient d'avoir été flattée des compliments d'un inconnu ou encore elle ressent un vif plaisir lorsqu'un enfant charbonnier lui envoie un baiser depuis sa voiture. Le 8 juin, à une fête chez des amis, elle note : *J'y ai goûté la joie d'être aimée, estimée, de plaire, d'entrer dans les cœurs* (K.68). Dans les matinées de printemps alors qu'elle se trouve à Dieppe, la nature l'émeut : *moments d'équilibre, de sérénité, peut-être égaux en valeur à ceux de la croyance* (K.65).

Le 23 mai 1912, son fils Paul est sérieusement malade : Madeleine se désole de ne pas avoir la liberté et l'argent pour aller le soigner. L'épisode d'inquiétude et d'angoisse dure, Madeleine n'écrit que le 22 août qu'elle a souffert et craint le pire mais que le médecin annonce la guérison. Ces moments de maladie ont rapproché la mère et le fils, Madeleine se félicite : *Entre Paul et moi, renouveau de confiance et de tendresse, d'attachement, d'influence. Le malheur en nous touchant, nous a épargnés. Je suis reconnaissante* (K.66). Malheureusement, le mois d'octobre après une rechute de la maladie de Paul, tient Madeleine dans l'angoisse. Se sentir loin de lui, quelle épreuve ! Et en surplus, elle voit à nouveau l'insécurité financière apparaître avec son congé qui lui est donné pour fin octobre ! Et elle n'a pas d'avance d'argent : *Je sens le prix du plaisir d'avoir sacrifié mes pauvres économies. Je n'ai rien, rien devant moi que l'inconnu* (K.69). Madeleine donnait des aumônes et pourvoyait à divers besoins d'autrui par des mandats. Néanmoins, quand elle quitte la famille où elle ne s'était toujours sentie qu'une étrangère, elle perçoit un soulagement se disant *contente d'être délivrée* (K.70).

Voilà trois ans qu'elle loge au couvent et elle voudrait ne pas prolonger son séjour sans le payer. Elle écrit : *Tendresse et reconnaissance pour ma Mère* (La Supérieure) *et lien plus serré tous les jours avec la chère maison* (K.70). De nouveau, le souci l'assaille car Madeleine ne trouve rien malgré ses démarches : *Jour après jour se succèdent les visites, démarches, lettres, toutes sans espoir, avec la seule humiliation de la demande, qui lui met des sanglots dans la voix* (K.70-71).

Après un mois de recherche, le 30 octobre, enfin : *Un joli espoir auprès d'une dame de quatre-vingts ans* (K.72). Et dès le lendemain, le contrat est conclu : *Je viens de la voir et je l'ai quittée pleine de confiance, le cœur allégé. Elle a été bonne, intelligente ; elle croit en moi. Toutes mes forces de courage et de dévouement sont prêtes* (K.72). Mais la charmante dame qu'elle a jugée être âgée de quatre-vingts ans en a dix de plus : née sous le règne de Charles X ! Cependant, elle n'est pas moins dotée d'un esprit affûté et d'un grand cœur. Sous le second Empire, son salon recevait d'illustres personnages comme Octave Feuillet, Caro, Émile Deschanel. Et si le temps a clairsemé les visiteurs, madame A.S continue de recevoir des célébrités du monde des arts, de la science ou de la politique dans une grande liberté, avec courtoisie et tolérance. Pour ce qui est de ses croyances, madame A.S qui était la nièce du célèbre Père Alphonse Ratisbonne (K.74), dit ne pas avoir gardé de foi mais reçoit des philosophes ou amis prêtres, intéressée par les questions métaphysiques. Humainement, cette dame a tout pour plaire à Madeleine : généreuse (donnant avec libéralité pour aider) et d'une grande bonté et délicatesse. Cette personnalité ne peut que s'entendre avec sa nouvelle « secrétaire-lectrice » (K.74). Cela change la vie à toutes les deux !

Le 16 novembre, Madeleine éprouve dans son *Journal* de nouvelles impressions : *dans le repos, l'élégant confortable de ma nouvelle chambre, quinze jours ont passé sans une larme, sans un effort ; le premier avait été bon et depuis tous ont été meilleurs. Je ne gagne plus ma vie ; elle coule jolie, heureuse et gâtée. Il est bien que je sois aimable et plaisante ; il est bien que j'aie de l'esprit, du cœur, de la conversation* (K.75). Tout l'inverse de sa présente expérience ! Madeleine peut enfin jouir d'être elle-même et donner le meilleur de ses qualités. Elle remplace même la maîtresse de maison auprès des visiteurs ou convives quand celle-ci est fatiguée... discuter arts, livres, philosophie : des moments de qualité inespérés pour Madeleine. D'ailleurs, celle qui l'emploie lui apporte une manne dans les récits de sa vie où elle a tant côtoyé la distinguée société parisienne et suivi le cours de l'histoire. Une intimité se noue, les confidences s'échangent. Madeleine écrit le 23 avril 1913 : *En pleine confiance affectueuse, j'ai pu devant elle ouvrir mon premier cahier et lui lire les impressions de ma vie changée. Elle a été attentive, bonne ; elle a fait plus que comprendre, elle a senti* (K.76).

De novembre 1912 à août 1914, pendant presque deux ans, Madeleine vivra ce quotidien enchanteur et progressera avec bonheur dans les voies de la vie intérieure (voir le chapitre suivant). Avançant dans les voies spirituelles, son existence change sur bien des points. En mars, elle transcrit dans son *Journal une sympathie très accusée, qui très vite évoluait vers un plus profond sentiment.* Cette fois-ci *l'être intelligent et sûr* (K.89) qui la sollicite fait trembler ses résolutions de rester célibataire. N'étant mariée que civilement, elle est tout à fait en droit de pouvoir le faire religieusement et son avenir avec un *ami aussi généreux* la sortirait de cette vie éprouvée par l'incertitude des lendemains. L'équilibre de Madeleine vacille, son cœur est ébranlé. Pourtant, à presque quarante ans, elle répond avec certitude « non » car, désormais convertie, Celui qu'elle préfère, elle l'a rencontré au plus profond de son âme (cet aspect sera détaillé dans le chapitre suivant). Le jour de ses quarante ans, le 9 avril 1914, elle s'en explique clairement :

Mauvaise et courte nuit ; prompt réveil ; lever courageux. Au couvent très tôt pour les chants et la Messe. Tout finissait sans que j'aie goûté la grande joie quand, en m'approchant de l'autel pour le dernier recueillement, la chapelle vide, j'ai senti la lumière et la chaleur de la pleine Foi. Quel abandon ! quel don de soi ! quel oubli de toute gêne et de toute fatigue ! quel repos dans l'agenouillement ! quelles larmes douces ! Saint Augustin a raison : « Si une âme est capable de Dieu, nul autre ne peut la remplir. » (K.90).

1914 : c'est la guerre. Madeleine et madame A.S sont installées dans un château de Seine et Marne pour le mois août. Bientôt les perturbations du quotidien arrivent : plus de journaux, plus de courriers et de nouvelles des proches. Toutes deux apprennent que les allemands ont passé la Somme et se rapprochent de la Marne, pas très loin de leur château. La santé de

Madeleine accuse le coup : *Qu'il est difficile de se mettre au-dessus de la souffrance !* (K.95).

Il faut prendre une décision et quitter le château le 26 août : la fière et digne Madeleine perçoit cela comme une dérobade devant l'ennemi. Pourtant madame A.S et sa secrétaire ne désertent pas la région dangereuse et s'enferment dans Paris alors que tout le monde fuit dans les campagnes. Le 29 août, ces mots : *Mon âme est triste jusqu'à la mort.*

Le 30 : Les Allemands sont près de la Fère. Ils gagnent, ils approchent. Malgré la douleur je suis calme ; ma confiance demeure, devenant plus belle, plus pure, d'une qualité religieuse où la volonté a sa part, un peu comme la Foi dans les jours de ténèbres (K.95).

Le gouvernement est en route pour Bordeaux, les parents et amis tremblent pour Madeleine et madame A.S. et envoient des lettres suppliantes. Mais Madeleine répond que quoiqu'il arrive, les deux femmes restent à Paris, elle précise en : *m'associant humblement aux souffrances de nos chers soldats* (K.96). Madeleine est prête à tout, sans inconscience : elle avoue sa peur *du bruit, du sang, de la souffrance, encore plus d'être lâche* (K.97). La chrétienne souffre de découvrir en elle une aversion pour ceux qui n'avaient pas le courage de résister fermement à l'ennemi. Il lui était *impossible de vivre la charité* (K.97) avec eux. La situation de la guerre fait alterner les sentiments. Un auteur d'articles dont elle se nourrit sans le connaître (le Comte de Mun) la prive d'un soutien précieux : *le 6 octobre : Au trouble des nouvelles s'ajoute la douleur de la mort de de Mun. Pendant ces longs jours, il a été le meilleur parent et ami de mon âme. De volonté, de confiance, de réserve dans la critique, de foi, d'enthousiasme, de sincère souffrance, nous étions unis. Je pleure de le perdre. Je ne l'avais jamais vu* (K.99).

Une autre mort va lui causer une plus grande douleur : celle qui l'employait meurt à 93 ans, le 28 novembre 1915 après trois ans de vie commune, c'est un choc. Madame A.S lui laisse un beau texte de reconnaissance qui se termine par ces mots : « Si vous n'êtes pas parvenue à me faire croire à un Dieu père de tous les hommes, je crois à ses anges. Vous avez été l'esclave du devoir et l'Ange de la Pitié » (K.100).

À nouveau, Madeleine doit penser à son avenir même si celle dont elle était la secrétaire lui laisse le temps de se retourner lui donnant le droit de rester dans l'appartement qu'elle occupait jusqu'à ce que quelque chose se présente. Cependant, il faut trouver un emploi ! Le cercle des amis et connaissances de Madeleine s'est agrandi en fréquentant le salon de la défunte et cette fois-ci, dès le lendemain des funérailles, le Prince de M. la demande comme secrétaire particulier. Madeleine accepte, connaissant la droiture de celui qui propose. Elle demande à ne pas habiter sous son toit dans un premier temps pour garder le silence et vivre au couvent. Madeleine entretient toujours une belle amitié avec la Supérieure qui l'a accueillie et devant cette nouvelle situation, elle se réjouit de pouvoir continuer à envoyer de l'argent à ceux qu'elle aide. Sœur Marie-Isabelle quitte cette terre un an après madame A.S, en novembre 1916. Madeleine retient avec émotion ces derniers mots de la généreuse Supérieure : « Vous avez été une de mes joies » (K104).

Pendant son jour libre en semaine lors de la guerre, Madeleine se dévoue pour les soldats qu'elle écoute au couvent, elle travaille dans un « ouvroir », aux logements -ouvriers de l'Abbé Viollet et aide des familles nécessiteuses. Pour ceux qui sont en fin de vie, personnes âgées ou malades de cancer, Madeleine se rend présente avec tact et apaise les âmes. Elle gardera des liens, après les hostilités, avec ses « filleuls de guerre » continuant de leur envoyer des objets même en 1920 : *Mon salon est un vrai bazar* (K.106).

Le Prince de M. qui l'emploie reçoit pour quelques jours de répit des soldats éprouvés chez lui, Madeleine apporte un réconfort maternel aux découragés. Elle est une confidente pour des jeunes isolés et éprouvés, loin de leur famille. L'employeur de Madeleine est tout à fait conscient des dangers, lorsque avant la fin de la guerre il devient périlleux de rester à Paris et propose à a secrétaire de quitter Paris. Pourtant, l'employée tient à rester pour continuer à distribuer les soutiens qu'elle prodigue et demeurer solidaire.

Elle envoie pendant cette période intense de 1918 des lettres quotidiennes à son fils Paul. Le 31 mai : *Plus la bataille est dure, plus ma confiance s'affirme dans la douleur, et ce matin je me suis sentie gagnée par cette passion, cet enthousiasme, que j'avais vécu en 1914. Il y a maintenant quelque chose de plus pur, ajouté à ma foi religieuse* (K.109). Il y a les moments sans courrier où Madeleine souffre d'être sans nouvelle qui vont même jusqu'à *l'angoisse physique* qu'elle vit malgré tout dans *une sorte de paix, trouvée dans la prière* (K.117).

Inquiet, son fils lui souhaiterait que sa mère quitte Paris néanmoins, Madeleine rétorque : *Peut-être il faudra souffrir, avoir peur. Et bien ? Voudrais-tu que je me sauve ? J'espère bien, au contraire, que j'aurai, autant que la volonté, la force de souffrir. Je l'ai demandé ardemment en priant et aussitôt récompensée, car, obligée par un devoir d'aller dans la ligne de tir d'un nouveau canon, j'ai pris plaisir à entrer à la Madeleine et à chercher la trace de la visite que lui a faite un obus hier. Il a seulement décapité un Saint... Et j'ai été ravie de voir que je n'avais pas la moindre émotion et que j'admirais Paris et je l'aimais, et devant le départ de beaucoup je suis dans la joie de rester. De plus j'ai une grande confiance dans l'issue* (K.110). Et pour finir, Madeleine cite le psaume : « Quand même je marcherais dans l'ombre de la mort, que craindrai-je, puisque je suis avec le Seigneur ? » (K.110). Pour rassurer son fils, elle lui promet de descendre à la cave en cas d'alerte.

Au jour de la signature de l'armistice le 11 novembre 1918, elle décrit sa joie et son soulagement de l'arrêt de *cette tuerie et la sécurité tombants sur tous, amis et ennemis* Ajoutant : *Sans la prière qu'aurais-je fait de mon cœur ?* (K.112).

Pendant toute la guerre, Madeleine sera préoccupée pour son fils soldat, avec le regret encore plus prégnant de l'avoir élevé sans religion. Elle ne le voit que rarement pendant ces quatre années et exprime sa douleur au moment des « au revoir » qui peuvent être des adieux. Pour lui éviter le froid et les privations, elle envoie tout ce qu'elle peut. Une assidue correspondance la liera à lui et portera du fruit.

La guerre terminée, en 1920, elle s'amuse de "son *petit coin" diminué par obligation d'économie, mais agréable encore…/… Je n'ai plus de femme de ménage ; je balaie, je range, je lave et, avec un peu de raisonnable fatigue, je goûte mille petites joies à faire bien toutes ces choses humbles. Je pense à la maison de Nazareth, où Jésus travaillait entre la douce Vierge et Saint-Joseph. Il n'y eut jamais au monde tant de beauté et de sainteté réunies, et cela me fait croire que le travail véritable est nécessaire à la sanctification de l'âme, et donc à la joie* (K.153). Madeleine recommande dans une lettre à sa sœur une sorte de détachement : *Quelle folie, lui écrit-elle, de ne s'attacher aux choses du chemin et d'oublier le but !* (K153).

L'Abbé Klein écrit qu'à sa mort, on ne trouvera dans ses armoires que le strict nécessaire et plus aucun bijou de famille. Madeleine vivra la pauvreté en distribuant à ceux qui ont besoin et elle connaîtra des fins de mois souvent difficiles. À une amie intime, elle écrit :…/… *mais conception du vrai et du bien et de la vraie beauté, le dépouillement est une obligation, la richesse est la plus grande entrave* (K.155).

Avant de mourir d'une occlusion opérée tardivement, Madeleine qui souffre beaucoup physiquement, craint de ne pas revoir son fils. Elle demande régulièrement s'il doit arriver… et à chaque fois que la porte de sa chambre s'ouvre dit : *est-ce lui ?* (K.269). Le samedi 7 mai, jour de sa mort, elle demande quand il sera là : on lui répond « demain soir ». Elle murmure : *il sera trop tard* (K.269). Le biographe précise que si Madeleine ne se plaint pas de ses douleurs physiques intenses, elle prononce plusieurs fois : « *Mon Paul, mon petit !* » (K.269).

Ayant reçu les derniers sacrements, elle murmure ces dernières paroles : « *Tout droit, dans la Vérité. Je vois la Lumière.* » (K.270)

CHAPITRE VI

LA VIE CHRÉTIENNE

La conversion par l'expérience

À son arrivée à Paris en 1909, alors que Madeleine recherche désespérément un logement, la rencontre de la mère supérieure du couvent de l'avenue Malakoff lui offre la fine pointe d'une charité hautement chrétienne. Non seulement cette responsable l'accueille (alors qu'il n'y a plus de chambre disponible) mais après avoir écouté ses confidences lui dit d'une voix douce : « Il faut rester ici mon enfant ; nous y trouverons un petit coin pour vous, et ensuite l'on vous aidera à chercher un poste. » (K.21) Cette supérieure, sœur Marie-Isabelle du couvent du Saint-Sacrement (F.V.659), femme de cœur, marque Madeleine pour toujours. À son décès en 1916, Madeleine, devenue chrétienne, écrira dans son *Journal : Voici une belle amitié, d'une confiance entière, d'un doux et cher devoir auquel, je crois, je n'ai jamais manqué. Je n'oublierai pas. Pleurer en Dieu c'est consoler sa souffrance ; mais c'est aussi la garder toujours* (F.V.659).

Voilà une expérience chrétienne dont Madeleine se souviendra. La Providence agit dans sa vie par cette première touche déterminante néanmoins elle n'est pas encore reconnue et identifiée comme telle : Madeleine n'y décèle que de la bonté humaine. Dans une lettre, une de ses amies la croyant revenue à la foi par sa nouvelle adresse s'empresse de l'en féliciter : Madeleine la détrompe vivement. De la même manière, c'est sans la foi que mais par respect pour la Supérieure qui l'a acceptée que Madeleine assiste à la messe du dimanche et écoute *avec une indifférence attendrie* (K.24) la prière du soir.

Fin avril 1919, à trente-sept ans, émerge pour la première fois un ébranlement, une pensée nouvelle et non des moindres : celle de Dieu ! Elle note : *Ce soir, à sept heures moins le quart, très touchée au son de l'Angélus : la pensée de Dieu ! La pensée au bien, le désir du mieux ! Descente en moi-même* (K.41).

Le cheminement n'est pas illumination, en juillet, elle écrit à sa sœur : *Grande chaleur, lassitude morale et physique ; confiance abattue dans l'avenir moral, désir d'une règle qui élève, protège et garde. Tentation de m'abandonner davantage aux gestes religieux... tentation sentimentale, besoin de douceur et d'amitié actives et d'aucune valeur morale* (K.43).

Et cette formule du 24 juillet, étonnante : *J'aime Dieu sans y croire ; je crois en des tas de choses que je n'aime pas, et je préfère vivre selon mon amour que selon mes croyances* (K.43). Voilà des mots qui démontrent une brèche dans l'esprit orgueilleux et rationaliste de Madeleine. Le 15 août 1911, alors que Madeleine souffre d'humiliation dans la famille « étrangère » qui l'emploie et qu'elle suit dans ses villégiatures, elle souligne un moment d'apaisement et d'élévation : *À la messe : pieuse et touchée de cœur et des sens ; doux état d'un amour sans foi, d'un amour qui juge* (K.47). Dix jours plus tard, elle écrit : *Très reposée et fortifiée hier à la petite église sur la foi, l'espérance et l'amour des autres* (K.47).

Toutefois, ce n'est pas encore la pleine adhésion au christianisme, juste un effleurement car Madeleine continue de s'accrocher à Nietzsche dont elle relit la vie. Parallèlement, dès ce moment, Félix Klein écrit que la lecture d'un chapitre de l'Évangile est quotidienne pour Madeleine. Selon lui, c'est pour elle « une source de purs et hauts sentiments » (K.48).

Un évènement majeur (« exceptionnel » écrit l'Abbé Klein) que Madeleine va écrire sur un papier à part (honte d'écrire cette « faiblesse » dans « ses libres pensées » dira-t-elle plus tard) va se produire. Elle ne le notera que quatre jours après dans son *Journal* qu'il est important de citer dans son intégralité :

13 avril 1912 :

Pourquoi ne noterai-je pas cela ?

Le soir du 9, dans l'excitation et la fatigue, les pensées lourdes, en secouant la tête comme pour chasser l'ennui de moi-même, j'ai vu à côté de mon visage un visage doux et beau, une épaule offerte à mon inquiétude et je garde le souvenir d'une claire seconde où j'ai souri à Jésus.

Rare occasion, non pas de foi, mais d'amour. Je n'ai pas écouté en vain les Béatitudes, ni en vain pleuré au récit de la Passion. J'ai eu le rêve de mon désir, car mon désir, aux heures profondes, est celui d'une justice, d'une charité, d'une acceptation évangélique…

« Heureux les cœurs purs », *ils peuvent voir la belle image d'un Dieu.*

J'ai écrit ici sobrement, pour ne pas oublier certes, et aussi pour ne pas l'amplifier avec le temps, ou le diminuer (K.60).

Il est a souligné qu'après cette expérience, l'Abbé Klein explique que Madeleine ne professera plus les idées d'athéisme qui lui étaient chères. Tout n'est pas encore clair et limpide mais se précise.

Le 12 mai 1912, on lit :

La Vérité de Jésus était grande et je comprends qu'il soit mort pour elle. La mienne est haute aussi dans les désirs et je crois que je l'aime assez, elle qui est moi-même, pour lui donner ma vie en témoignage, un jour, s'il le fallait.

De mai à août 1912, Madeleine subit des angoisses face à la maladie de son fils Paul qu'elle aurait pu perdre. Désarmé devant la perspective de la mort, son fils lui avoue : « Ô maman, si j'avais pu prier ! » (K.66). La maman impuissante se souviendra de ces mots déchirants et voudra aider son fils à le faire et pour cela le faire elle-même (K.67).

En août 1913, alors que Madeleine se trouve dans d'excellente condition d'emploi, elle écrit : *Aujourd'hui, à la Messe de la petite église, j'ai joui d'un de ces désirs vers le Bien d'une puissance telle que j'aurai donné ma vie pour la fixer.* Les grâces sensibles et la joie profonde qu'elle éprouve à sentir Dieu lui apportent la paix et la reconnaissance. Le 14 février 1914, elle écrit à un de ses amis intimes non croyant (professeur de philosophie) une longue lettre dont ces mots : *Enfin, résolument et dans la joie, me voici disciple du Christ.../... j'ai trouvé Dieu, je l'ai senti vivant, je l'ai prié. Cela est pour moi le miracle des miracles et, il me semble la joie des joies* (91-92).

L'approfondissement

Au couvent de Paris le 14 octobre 1909, c'est après l'échec de ses recherches infructueuses de travail que, le 1er janvier 1910, Madeleine commence son *Journal* le nommant *Pensées de solitude* qu'elle modifiera ensuite en *Pensées dominantes* (K.26). Dans ses angoisses d'attente pour gagner sa vie, Madeleine vit quelques parenthèses qu'elle note dans son *Journal : 2 janvier (1910). - Trouvé un peu de paix à Notre-Dame. La beauté, l'harmonie peut descendre en moi comme dans la galerie de Vénus et comme un jour de promenade dans la forêt de…/… Et cette paix était légère et allègre.*

Finement, Madeleine décrit ses sentiments : *4 janvier. – J'ai tourné la tête à l'abîme et j'ai vu, de l'autre côté, un bel horizon. O fragilité du souci et de l'espoir !* (K.26). Le 9 avril 1910, Madeleine a trente-six ans tout juste. Elle est de nouveau sans travail après un premier emploi qu'elle a dû quitter, elle se trouve insécurisée : *le 15 avril : Tristesse sans distraction, profonde solitude. Je ne confie à chacun qu'un peu de moi. J'épargne la faiblesse de ceux qui m'aiment. Je pense que je n'ai pas d'ami dont l'intelligence soit assez forte, assez haute, assez libre, pour me reposer parfaitement en elle* (K.35). Suffisamment lucide et forte pour ne pas accabler ceux qu'elle aime, Madeleine analyse son isolement, sa faiblesse, sa souffrance.

Une fois convertie, les priorités changent mais la nature humaine de la chrétienne reste dans une continuité sublimée. La femme de chambre de l'élève bien-aimée dont Madeleine s'occupa, a montré à l'Abbé Klein une lettre de ses lettres :... *et puis parce que ma vie religieuse ne m'empêche pas d'aimer l'élégance et la beauté, pourvu qu'on pense d'abord à celles de son âme, dans l'autre vie, qui vient si vite pour tous, nous ne serons plus parés que de celle-là...* (K.39-40).

Le 26 septembre 1911, Madeleine s'épanche sur son passé dans son *Journal* en notant les erreurs et de la *perte de maîtrise de moi et du juste accord qui fait la joie* (K.48). Son état des lieux dans sa trente-huitième année : *Bientôt deux années de travail ; 300 francs devant moi. Encore de la jeunesse, de la santé. Mon cœur plein de paix et de l'amour des autres. Un bonheur sans joie, mais sans soucis que ceux des miens. Une volonté du Bien ferme, même du Bien rapetissé, étroit, du Bien des hommes. Une grande complaisance, une grande douceur pour tous les gestes religieux.*

Mon cœur retourné à l'Église ; ma pensée libre et seule, mais humble et sans amertume (K.49).

L'orgueil fléchit, la lucidité s'accroît, le cœur s'adoucit mais la pensée reste « libre ». Madeleine, sans être chrétienne, repose sa sensibilité et sa souffrance : *ce jour-là, qui était un dimanche, eût été douloureux sans le repos, le recueillement à l'église, qui est devenue « une maison de famille »* (K.51).

Madeleine a hâte de revenir à Paris pour revoir son fils Paul, elle écrit le 19 novembre 1912 son impatience d'un départ de Weisser Hirsch toujours reporté. Son fils arrive dans la capitale avant elle et elle se désole de n'être pas là pour l'accueillir et l'installer. Cela fait vingt-huit mois qu'elle ne l'a pas revu. La rencontre, quinze jours plus tard, la déçoit. Elle écrit le 20 novembre : *J'ai revu Paul ; la douleur a tué la joie. Ce premier revoir n'a apporté que de la souffrance à chacun. Peut-être plus tard je sentirai la douceur des larmes pleurées ensemble dans nos bras.*

Faute de disponibilité dans la semaine, Madeleine écrit surtout le dimanche, elle se dit avoir *le cœur troublé, sec...⁄... le manque d'affabilité du milieu me fatigue comme un mal physique* (K.53). Après « l'évènement » spirituel bien doux du 9 avril 1912 où Madeleine perçoit sensiblement Jésus et le note avec sobriété, elle reprend, cinq ans plus tard en décembre 1917 ainsi, renforçant son authenticité et sa portée, **son rôle fondamental** (C'est souvent a posteriori qu'apparaissent l'entièreté et l'importance d'un fait spirituel) :

Plus de cinq années ont passé sur cette merveille et je me souviens comme au premier jour. Aucun visage humain ne m'a laissé une impression aussi vivante (je veux dire sûre, durable, que je reconnaîtrais), que celle de cette vision de lumière. Elle était à ma gauche. En penchant la tête j'aurais touché son épaule. Elle disparut aussitôt. J'étais sûre que je venais de voir Jésus. Oui, j'étais sûre du miracle. Je serais morte avant de pouvoir dire que je n'avais pas vu, à côté de moi, un être de lumière que mon cœur avait nommé Jésus. Mais, au lieu de l'admirer, de bénir, de constater mon émotion et l'oubli de mon souci, je ne pensais qu'à trouver les impossibles raisons de discuter la vision merveilleuse. Ne pouvant nier, je l'appelais un <u>rêve</u> ce qui était une <u>fausseté</u> puisque je l'avais vue <u>debout</u>, de mes yeux, avant de me coucher. Je ne voulais que ce fut une réponse à mon désir, la suite d'une inconsciente suggestion ; je voulais n'importe quoi, excepté reconnaître la vérité du miracle.

Depuis, avec la foi qui entrait en moi, j'ai appelé la belle vision, j'ai prié, je <u>l'ai voulue</u> de tout mon désir ; plus jamais je ne l'ai revue.

Toujours très authentique et vraie, Madeleine termine par ces mots :

J'ai oublié de noter, et je me souviens clairement, que le soir de la vision j'avais pensé, en secouant la tête comme pour chasser la peine : « Qu'importe la douleur, puisque je veux le bien, le bien par-dessus tout ? » Alors je l'avais vu (K.61-62).

Après l'épreuve de la maladie de son fils Paul, le 18 septembre 1912, Madeleine aspire à plus de liberté et approfondit la connaissance d'elle-même : *Un désir immense de vie plus libre, plus digne, à l'abri du couvent.../... Il y a une grande douceur apaisante pour les peines d'orgueil, de dignité, à reconnaître sincèrement pendant quelques minutes au moins, que l'on est bon à rien, que ce que l'on supporte est mérité ; le c'est ma faute, enfin* (K.68).

Les deux années passées chez madame A.S (1912-1914) calmes et remplies de lectures, apporteront à Madeleine de grandes avancées d'approfondissement. Le 27 novembre 1912, elle écrit : *Dieu est mon désir profond, celui dans lequel je peux perdre et oublier les autres. Hier soir la prière de mon cœur m'a enveloppée d'une infinie douceur* (K.82). Et le premier jour de l'année 1913 : *Grand désir de Dieu ; profond élan vers la source, la puissance du bien.../... Faiblesse sans doute ! Mais qu'importe, si mes autres faiblesses s'y reposent et si ma force nécessaire s'y fortifie ?* (K.82).

La raison de Madeleine fait encore obstacle mais le cœur est gagné. Son être s'unifie. Elle constate vivre dans une grande paix (K.83). En 1913, le 30 mai, Madeleine souligne son goût de fréquenter la chapelle :*... est un lieu de délices où, dans le silence, le recueillement, j'attends, je cherche, je trouve Dieu* (K.84). Chaque jour, à partir de juin 1913, Madeleine se rend à l'église du village : *Tous les matins, j'y trouve un moment d'amour, d'abandon, de joyeuse résignation, de franchise et de beaux désirs. La journée est assurée sur ces minutes de plénitude* (K.85).

Cette année 1913 verra une croissance constante dans l'intimité divine : Madeleine s'épanouit dans un cœur à cœur : *Rien n'a troublé l'harmonie de mes joies détachées.../... j'y* (à l'église) *était toujours seule. J'y priais à ma manière ; je lisais l'Imitation, je m'en allais pleine de paix, de douceur pour tous, de sévérité pour moi-même. Ma lumière intérieure éclairait ma raison. Je me sentais dans la Vérité, sur sa voie* (K.85).

Le 1er janvier 1914, on voit dans ces mots les paroles d'une vraie croyante apaisée et reconnaissante : *Que mon année soit à Dieu et aux miens en lui, que je ne quitte pas la voie douce et facile que j'ai choisie, où tout l'amour peut s'employer au devoir. Que mon intelligence soit humble et mon cœur épanoui... Que je me détache des créatures et des joies extérieures de plus en plus. Que je vous cherche seul, Esprit de puissance et de douceur, et que sur moi votre volonté soit faite !*

Madeleine est chrétienne de tout son être. L'Abbé Klein, de son point de vue d'ecclésiastique, situe cette entière conversion au printemps 1914 seulement, mais il semble que, depuis plusieurs mois déjà, Madeleine est en lien étroit avec son Seigneur et sous l'emprise de Sa Grâce.

La guerre a révélé à Madeleine son patriotisme et le fond de son attachement pour Dieu. Le 7 février 1915 : *Si la guerre m'a révélé un violent amour pour mon pays, si pour cela je donnerais mon fils et avec joie ma vie, je sens bien que j'ai encore en moi quelque chose de plus haut, de plus pur que cet attachement passionné, c'est Dieu. Je prie pour la délivrance de mon pays ; mais, si j'ai la grâce de sentir ma prière s'élever, je sens plus en moi que désir de miséricorde, de pitié pour tous les êtres, et de paix, de réconciliation. À genoux, en présence du Père, ou dépasse la patrie de la terre, et le cœur d'une fraternité, d'un amour qui n'est pas de ce monde* (K.108).

Dans son parcours, Madeleine raconte qu'elle tient à faire une confession générale (*c'est un effort et une délivrance*, dit-elle) et elle transcrit le lendemain dans son *Journal* : *Hier à trois heures, aux pieds d'un Père Jésuite inconnu, j'ai fait une confession générale. J'ai eu la sueur de la honte, mais j'ai senti comme la grâce purifiante du sacrement. Dieu soit béni* (K.149). Elle rapportera aussi l'expérience d'une autre confession par un matin de brouillard d'août 1915 dans *un pauvre village avec un prêtre vieux et malade dans une église déserte et abandonnée…/… Jusqu'aux larmes j'ai été émue de tant de puissance et de beauté. Grâces à Dieu !* (K.150).

Son *Journal* à partir du 8 septembre 1917 reproduit des paroles du Christ : *Quiconque fait la volonté de Dieu, celui-là est mon frère et ma mère et ma sœur* (K.156). Par tempérament, la nouvelle chrétienne préfère la solitude pour prier mais au lendemain de la Pentecôte 1917, elle assistera aux grand'messes et aux vêpres avec tous leurs décorums, gestes et attitudes. Elle intègre à sa vie intérieure ce qui pourrait la gêner avec une fine psychologie et une grande charité :

De bonne heure agenouillée à la paroisse. Gênée d'abord par le bruit des allées et des sorties, j'ai été ramenée à mieux voir la grandeur de cette désagréable activité. Certes on se précipite sur la Sainte Table, on est pressé ; mais ; à se rendre compte que l'Église tout entière est debout, que chacun vient recevoir le « pain de vie » et qu'à cette minute tous s'efforcent d'être dignes par le repentir et les résolutions meilleures, on oublie le bruit et le désordre, on regarde, et moi j'ai vu, sur de longues files, des hommes, des femmes, des enfants, dont le visage reflétait l'ardent désir du bien. Touchée jusqu'au fond de l'âme, j'ai béni Dieu d'être au milieu de nous (K.162).

Les grands désirs de partage de la foi

Héloïse devenue Madeleine, pleinement chrétienne, se reprochera amèrement son attitude éducative envers son fils Paul : *Oui, ton enfance a été heureuse parce qu'elle m'était sacrée et qu'inconsciemment je la traitais comme une chose supérieure qui m'était confiée. Cependant, quel regret en pensant que Dieu y était étranger ! Quelle douceur en plus aurait été ajoutée à ces premières années, si le Bien que je voulais, que je désirais, eût été vivant pour nous deux ! Enfin nous l'aimons d'autant mieux que nous en avons été privés, et ce n'est plus toi qui risqueras d'élever tes enfants sans lui.*

À la mort de Madeleine, la jeune élève fille du diplomate qui l'a considéré comme une mère et dont elle a été l'institutrice, confie à l'Abbé Klein une lettre du 26 mars 1919 : *Ma chérie, votre lettre m'a été très douce par sa confiance, par ses bonnes nouvelles, par vos précieux aveux sur la nécessité de vie intérieure... On est sage qu'en faisant la volonté de Dieu et, pour connaître celle-ci, il faut cultiver, éclairer sa foi et en vivre. Alors on est vraiment dans la lumière, non seulement pour soi, mais pour les autres* (K.39).

C'est pendant les quatre années de guerre qu'elle envoie à son fils Paul des lettres qui parlent de sa prière et de sa foi. Elle se préoccupe de lui envoyer des livres en même temps que des douceurs : *j'aurais aimé que* l'Imitation *t'arrivât avant le départ, et aussi le colis de confitures* (K.116-117).

Pour son fils Paul, elle est prête à tout pour qu'il trouve, comme elle, la foi. Elle écrit : *J'échange avec Paul de grandes lettres, il évolue lentement... Et puis enfin je suis là, acharnée à mon œuvre de réparation, offrant à Dieu ma vie pour donner à Paul la vie spirituelle* (K.119). Avec grand respect, elle ne force pas sa conscience. Patiemment, elle reprend les questionnements et arguments de son fils. Ne voulant pas désavouer son passé d'athée, le jeune homme écrit l'attachement à sa laïcité. Délicate, Madeleine répond : *Oui, va doucement, rationnellement, je le préfère ; je déteste le caprice et le faux enthousiasme dans les choses profondes* (K.128). Les lectures qu'elle lui propose et auxquelles il prend goût font la joie de sa mère. Elle lui envoie plusieurs volumes. Pour elle, comme pour beaucoup de catholiques fervents, les deux livres les plus importants sont d'abord les Évangiles et ensuite « l'Imitation de J.C ». Et lorsque Paul, après un long cheminement demandera le baptême, sa mère lui écrira : *Tu viens à la religion comme j'y suis allée moi-même, attirée par le désir du bien* (K.121). Ce fut le 21 mars 1917, à l'église Saint-Pierre de Neuilly.

Le Prince de M. sachant la gratitude que Madeleine avait pour le philosophe Bergson (un contemporain !), invite l'auteur à sa table en plaçant sa secrétaire près de lui à table (K.237). Ce fut un temps de conversation où Madeleine pu faire des confidences sur sa vie intérieure. Nombreuses sont les correspondances et discussions que celle que l'Amour divin transporte, entretient. Emportée par un zèle à la mesure de ce qu'elle vit au plus profond, elle recopie les paroles de Jésus : « Va dans ta maison vers les tiens, et raconte-leur ce que le Seigneur a fait pour toi » (Marc, 5,19). Madeleine continue auprès de Paul à encourager un « davantage » dans une lettre du 13 août 1919.../... *N'oublie pas cependant que, pour ne pas se perdre, le bonheur doit se mériter sans cesse. Sur la terre on n'est <u>jamais arrivé</u> ; sans cesse il faut lutter, grandir. Te voilà meilleur ? eh bien in n'y a dans ce fait que l'obligation de le devenir davantage* (K.243).

Madeleine conserve aussi une correspondance avec son père, éloigné de la foi, n'hésitant pas à témoigner le 4 juin 1917 : *Je me souviens, dans mes premiers jours d'isolement de Paris, être entrée dans une église où le prédicateur disait du haut de la chaire : « Que ceux qui sont seuls sachent qu'ils ont ici une maison, où on leur enseignera le bien, où l'on pardonnera leurs fautes, où on les fortifiera, où ils trouveront des frères, où ils trouveront un Maître, un Seigneur »* (K.245). Et pour aider son père, elle lui envoie des auteurs qu'elle pense capable de le toucher : Pascal, Lacordaire et les Évangiles bien sûr.

En décembre 1920, voici ce qu'elle lui écrit :… /… *Pour moi, c'est la fête* (Noël) *des fêtes, celle où le ciel s'unit à la terre et où Dieu continue à se faire homme en chacun de nous, si nous le voulons. Réaliser le beau miracle d'amour, c'est connaître la vérité et vivre d'elle. Après cela, on peut mourir joyeusement, mourir pour mieux vivre* (K.246).

Le même zèle anime l'infatigable convertie dans ses correspondances avec ses plus jeunes sœurs ou d'autres personnes rencontrées. À une jeune fille non croyante, elle écrit un long et vibrant témoignage de sa vie sans puis avec Dieu, terminant par ces mots : *Ma chérie, veux-tu greffer sur ta bonne nature le petit ferment chrétien qui changera ton cœur et ta vie ?* (K.250). Elle encourage la jeune fille à ne pas hésiter à lui poser des questions et lui propose son amitié inconditionnelle : *De toutes manières ceci est le*

commencement d'une belle amitié, n'est-ce pas ?
(K.250).

Parfois, Madeleine obtient de faire partager le trésor de sa foi : à une personne à qui elle avait sous-loué une partie de son modeste appartement, ce fut par son exemple et sa qualité d'être qu'elle influence. Madeleine priait pour sa colocataire, pendant plus d'un an et les discussions n'avaient aucun effet. Cette cohabitation, dit F.Klein, représentait un vrai sacrifice pour Madeleine avide de silence et de solitude (K.254). Elle se termine par une belle réunion de deux âmes chrétiennes. La parole de Jésus au chapitre III « Qui est ma mère ? qui sont mes frères ? Celui qui fait la volonté de Dieu, voilà mon frère, ma sœur, ma mère » a beaucoup de résonances en Madeleine qui se montre ouverte à chaque personne, même en dehors de son cercle. Une lettre du 25 septembre 1917 révèle le zèle apostolique de Madeleine :

Mais oui, il faut semer, et puis attendre la grâce de Dieu dans la patience, la douceur et l'amour pour les chers aveugles qui sont nôtres. Cela n'empêche pas d'apprécier un peu « l'intransigeance de la foi robuste » et d'être sûre, tout en paraissant choquer, irriter, elle touche, elle éclaire. Il faut savoir affirmer. Comment peut-on donner ce qu'on n'a pas l'air de posséder pleinement ? (K.257).

Envahie par l'Amour divin, Madeleine affirme dans une lettre à son accompagnateur spirituel le 28 septembre 1920 :

Il n'est pas possible que, par tout cet amour qu'Il répand dans mon pauvre être, je n'aie pas un jour des fils, des filles ; peut-être quand je serai morte seulement, mais il me semble qu'amour et fécondité doivent être même chose en Dieu (K.253).

Un prêtre lui adresse une jeune fille à qui elle écrit : *Je vous attends avec amitié et joie, car c'est moi qui vous remercierai si votre âme me donne l'occasion de parler de Dieu, de son amour et du bonheur qu'il accorde à ceux qui se donnent. Envoyée par..., vous m'êtes d'avance une sœur et une fille. En Dieu on est tout cela à la fois. Qu'il vous bénisse, ce Père plus doux qu'une mère ; et vous qui l'aimez soyez heureuse (K.258).*

Il va sans dire que Madeleine conseille dans ses lettres : elle propose de lire chaque jour un chapitre de l'Évangile. Cette « direction spirituelle » qu'elle offrait porte du fruit : un témoignage que l'Abbé Klein cite, le confirme : *Comment vous dirai-je le bien qu'a pu me faire avec certitude Mme Sémer ? Elle est pour moi, à certains instants, la preuve vivante de Dieu.../... j'ai su par Mme Sémer ce que voulait dire :*

« Demeurez dans mon amour. – Je suis en paix- Le verbe s'est fait chair et a habité parmi nous ». J'ai su cela, par sa certitude et sa vie, avec une lumière immense (K.260). Cette lettre est écrite quinze jours avant la mort de Madeleine.

Dans un petit groupe de jeunes filles, qu'en deux visites, elle impressionne. Les ferventes jeunes filles iront s'agenouiller sur sa tombe, en gratitude des « orientations » reçues de Madeleine.

La vie mystique

L'expérience de la **vision de Jésus du 9 avril 1912**, qui introduira Madeleine vers un chemin particulier, constitue une vraie touche mystique ; elle colorera toute sa vie chrétienne ensuite. À son époque, beaucoup de vrais catholiques ont un « directeur spirituel » et celui de Madeleine s'inquiète, comme le rapporte Félix Klein, des progrès rapides de celle qu'il accompagne ! Dans une lettre du 26 octobre 1920, Madeleine s'exprime ainsi :

Père, pourquoi insistez-vous pour qu'à cause des grâces de Dieu « je me plonge dans l'humilité ? » Ne savez-vous pas que ce sont elles qui vous y tiennent et qu'il faut vraiment vivre dans l'amour de Dieu pour sentir à fond son néant, son impuissance, son état de mensonge ? Père, si quelqu'un sait qu'il ne peut rien, qu'il n'est rien, même naturellement, c'est moi. J'attends tout de Dieu, je lui remets tout, je le bénis de tout. Sans lui je ne suis pas. La grâce du choix qu'il m'a faite, c'est de me faire savoir cela, c'est d'avoir creusé en moi ce vide qu'il a rempli (K.146).

Dans son accession à la foi, des jalons mystiques forts sont rapportés tel ce passage d'une de ses expériences :

Le Saint-Sacrement était exposé. Entrée au hasard, je me souviens qu'aux premières paroles du Pater (la seule prière qui me fût possible et très mal), je fus saisie d'un recueillement étrange, inconnu. J'oubliai tout pour sentir, pour <u>connaître</u> que mon intelligence était touchée, éclairée d'une manière que je ne pouvais comprendre. Je restai ainsi longtemps. Quand je me relevai, j'étais <u>sûre</u> qu'une puissance spirituelle souveraine s'était révélée à moi, qu'elle était Dieu, que mon âme venait d'elle, de Lui ; que mon âme comme libérée de mon corps, avait répondu à un appel ; que l'Esprit était dans le monde, que mon âme était esprit...

Cette grâce se reproduisit trois jours de suite. Après elle, je crus en Dieu de toute ma <u>raison</u>, de tout mon être, de toutes mes forces, en Dieu un, en <u>l'Esprit</u> ; après elle je trouvai la prière du cœur et pensai que les plus belles paroles d'amour étaient : « Que sa volonté soit faite. »

Sans doute, je n'avais pas oublié la vision de Jésus, mais je ne fis aucun rapprochement.

De plus en plus je me sentis attirée vers les prières de l'Église, émue par sa liturgie, gagnée par la science morale (K.147).

L'amie américaine qui l'avait entendu se moquer de la foi catholique à son arrivée au couvent (et avait de quoi douter !) disait à l'Abbé Klein n'avoir cru à sa conversion qu'après l'avoir aperçue à l'église, priant immobile, les yeux fixés sur l'autel et la voir sourire avec tendresse en se retournant vers Jésus-Hostie (K.149).

En 1917, elle écrit : *Je commence à connaître cet amour surnaturel ; je peux en jouir et en souffrir* (K.156). Et peu de temps avant sa mort : *Depuis mon grand amour, mon cœur est bien plus tendre et sait bien mieux aimer qu'autrefois* (K.157).

L'amour humain dont elle fut si éprise ne surpasse pas Celui qui la fait vivre : *Vous, mon Dieu ! Vous seul* (K.157) et elle écarte un autre prétendant sans lui laisser aucun espoir. Le 15 septembre 1916, elle est autorisée (sans doute par son directeur spirituel) à prononcer un vœu provisoire (pour une année seulement) de chasteté. *Ce jour-là, explique-t-elle, je m'étais donnée à Dieu d'esprit, de cœur et de corps. Trop indigne pour prendre le nom d'épouse, je me nommais son esclave, sa fidèle. Pourtant je fis bénir l'alliance qui témoignait de mon vœu, de cette union* (K.157).

Dieu se manifeste à Madeleine quand elle renouvelle son vœu d'être toute à Dieu. Dans une lettre écrite à son ami professeur de philosophie le 13 novembre 1917, elle détaille comment elle vit ces étapes dans son âme :

À la date du 15 septembre, il y a eu dans ma vie religieuse un tel changement, une si merveilleuse connaissance, que mon intelligence, mon attention, mon cœur n'ont cessé de vivre dans l'admiration, l'étonnement, la gratitude.

Il y a dans toute vie religieuse profonde de longues années où l'on se donne à Dieu, où l'on va vers lui. Une heure vient, où il vous prend, où l'on ne croit plus, où l'on sait, une heure où l'on comprend ces grandes paroles de saint Thomas : « Il est donné au Souverain Bien de se révéler d'une souveraine manière » *; une heure où l'on se croirait folle, si l'on ne sentait en soi, au contraire, une puissance de sagesse, de mesure, de réflexion, de pureté de conscience, qui rassure contre tout : une heure où les livres s'ouvrent, où l'on entend les paroles mystérieuses des Saints, et où dans les réalités merveilleuses on est soutenu par des intelligences comme celles de Bossuet, de saint Augustin, de Pascal...*

.../... Dieu est la plus grande idée, si grande que tous à peu près nous en avons l'instinct, mais dont le merveilleux secret ne se révèle aussi qu'à ses « savants », les humbles d'esprit et de cœur, les êtres de désir qui, se détachant de ce qui passe, appellent en eux l'infini (K.168).

Dans son *Journal*, Madeleine développe d'une autre manière cette infusion de Dieu, après des craintes et des tentations, à cette même date du 15 septembre : *Jour solennel. Renouvellement de vœu.*

Un peu d'inquiétude et de trouble. Attente du désir d'une révélation plus complète : non pas de Dieu, saisi si pleinement par mon intelligence, ma raison, que je peux dire en toute vérité que « mon esprit tressaille de joie en lui » ; mais de Jésus, il me semble, Jésus à qui ma volonté est donnée, Jésus qui est mon seul Maître, Jésus que j'aime, qui me nourrit de ses paroles et tous les jours du « Pain Vivant », Jésus que j'aime, mais dont je n'ai pas goûté l'amour.

Il y a un « mystère de Jésus » que je ne connais pas, que je pressens, que je sens proche, dont j'ai crainte et désir, parce que je le sens être, non pas seulement sacrifice, devoir, sainteté mais joie, joie immense et profonde ivresse d'amour.

Ces mots me font peur, et je m'arrête. Tentation ? suggestion, de quoi ? par qui ? Ce que j'attends est nouveau, inconnu... Jamais je n'ai été troublé ainsi. Ma paix était inaltérable. Je l'aurais, il me semble, si je m'abandonnais, si je n'avais plus peur. Je n'ose plus prier Jésus, parce qu'aussitôt mon être entier est saisi.

J'avais prié le Père de me révéler son Fils aujourd'hui. J'avais prié la Vierge de me le donner davantage. Et je les supplie de m'aider à me purifier, de me faire mourir avant de leur déplaire (K.169-170).

Madeleine reprend plus tard, ce jour même :

Le soir à 7 heures. Je ne peux plus m'appliquer à rien ; je n'ai envie que de prier sans rien dire.

Pour guérir cet émoi, j'ai voulu ne m'arrêter qu'à la pensée de la fête du jour : les Sept Douleur de la Vierge Marie. En lisant les vêpres spéciales j'ai retenu la cinquième antienne : « soutenez-moi avec des fleurs, entourez-moi de fruits odorants, car je languis d'amour ».

Pour ce jour où sans cesse j'ai porté dans ma chair la crainte de l'épreuve de Dieu, j'ai voulu ouvrir l'Évangile au hasard pour qu'il me donne sa parole. Mes yeux sont tombés sur ces lignes :

« *Marthe, Marthe, une seule chose est nécessaire, Marie a choisi la meilleure part ; elle ne lui sera point ôtée* ».

La part de Marie ! (K.170).

Et le lendemain matin, (Cela fait penser à un autre vécu mystique, plus récent, de « Camille C » décrit par le Père Caffarel), d'autres mots pour décrire ce que certains nomment « oraison de quiétude » :

Accepté de dîner en ville pour perdre mon trouble. AU milieu des gens, seule et à Dieu... Après une prière humble comme ma misère et ardente comme mon désir, mon amour de Jésus, les bras serrés sur ma poitrine et en esprit sur la croix de Jésus, sentant le sommeil impossible, j'ai remis mon âme à Dieu, m'abandonnant à sa volonté, le suppliant de me faire mourir de l'offenser. Et tout de suite mon être entier s'est embrasé. J'ai voulu attendre à genoux en prière. Apaisée par la force, la pureté de mon amour, je me suis recouchée et alors j'ai été saisie, possédée par une flamme intérieure dont rien ne m'avait donné l'idée, des vagues de feu se succédant pendant près de deux heures. J'ai souffert d'amour, j'ai souffert sans joie, et cela m'était une consolation. Mais ma souffrance m'a valu une telle ardeur d'amour, de don de mon être, de compréhension de lumière, que je la bénis qu'elle ait fait de cette nuit une nuit unique, la nuit de l'amour, de celui que je n'osais rêver : la pleine possession de l'être dans la pureté, dans un corps chaste.

À l'heure de ce tourment béni, je n'ai pas douté de la présence, de la volonté de Jésus en moi, de la révélation de son mystère. Je n'avais plus peur et je priais, je bénissais dans l'allégresse. Ma raison libre voyait, devinait, comprenait.

Qu'il était facile d'être à genoux pour prier ! quel élan ! quelle joie ! Dormir, reposer n'était rien. Une seule chose était nécessaire : s'abandonner à Dieu... (K.171).

L'expérience a été forte ! Et le lendemain, elle se demande si elle a été réellement visitée par Dieu. Elle se rassure en bénissant la Trinité.

Aussi sans scrupule, sans peur, dans un désir inconnu encore, j'ai été à la Messe. Ma communion, sans joie sensible, a été la plus fervente que j'aie faite jamais. En fermant les yeux, je parlais à Jésus. Pour la première fois j'ai cru que, moi aussi, j'étais aimée et que, malgré l'indignité de mon être, mon âme était épouse (K.172).

Je connaissais Dieu ; « je ne connaissais pas Jésus. » l'Abbé (On ne sait pas de qui Madeleine parle, le biographe de Madeleine n'a pas été son accompagnateur spirituel)) *avait raison. Et ce miracle d'amour m'a été donné le jour anniversaire de mon vœu d'abandon au Christ* (K.172). Elle poursuit ensuite sur le thème de la foi vivante de la Vierge Marie et de sa pureté. Et s'extasie encore de l'union de cœur qu'elle a vécu : *Pourrai-je oublier jamais ?* (K.173).

Cette union mystique sensible que décrit Madeleine, continuera les nuits suivantes, à heure fixe : *Et l'amour est venu, plu maître, plus fort, plus doux que la veille.*

Les ressentis sont forts : *À la Messe, en m'offrant avec Jésus au Père, pour le bien, le salut de tous, j'ai senti cette union comme une réalité.../... En parlant aux autres, ma voix m'étonne. Et dans ces jours bénis sentir Dieu ne me paraît pas le miracle ; mais seulement que, pleine de sa présence, je puisse voir les choses de la terre. Dieu béni ! Dieu béni !*

C'est bien, qu'un devoir strict m'oblige ce soir à l'ouvroir. Seule, je fermerai les yeux, j'attendrai, j'aimerai (K.175).

De nombreuses pages, que je ne peux citer entièrement, continue de décrire l'âme de

Madeleine visitée sensiblement par l'Amour. Elle n'en revient pas, perd le sommeil et la faim. Quelques craintes d'obscurités parfois (après avoir vécu de tels sommets !). Elle écrit :

Je crois, je suis heureuse. Dieu soit béni et qu'il fasse de moi une parole pour porter sa joie (K.177).

Madeleine se sent au pied du Seigneur, et l'envahissement du divin continue en s'harmonisant de mieux en mieux avec la vie ordinaire après avoir écrit des pages de feu, six jours après la première manifestation de Dieu, elle reçoit, nous dit l'Abbé Klein, d'importants avis de son Directeur spirituel. Il la rassure et modère ses élans en lui conseillant de dire la nuit « je veux dormir, je veux dormir ». Et Madeleine obéit : les manifestations sensibles envahissantes se calment, *délicieusement heureuse et confiante et j'ai prié, et j'ai dormi* (K.182).

L'union à Dieu et l'offrande se poursuivent : *Ce matin, je croyais entendre la messe pour la première fois* (K.182). Les lignes de Madeleine sont nombreuses et les mots lui manquent sur ce qu'elle expérimente : *c'est trop beau, trop beau* ((K.184). Ou encore *le 24 septembre : Ma vie est une merveille, un miracle, une joie sans fin* (K.185). Les mots mystiques se déploient à longueur de pages : *la seule idée de mon amour me fait défaillir par moments. Mon cœur bat très fort en s'approchant du tabernacle* (K.194). Madeleine continue de lire un chapitre par jour de l'Évangile et les mots n'ont plus le même sens qu'avant *J'entrais comme en lui, tout mon être perdu dans sa joie, sa lumière « Demeurez en mon amour »* (K.195).

Dans le même temps que ces infusions mystiques, Madeleine n'oublie pas les autres et, au contraire, ses prières s'élargissent au monde entier. Elle voudrait rester toujours avec celui qu'elle aime et perçoit si bien : *Avec efforts je vais à mes petits devoirs* (K.196).

Madeleine arrête d'écrire son *Journal,* elle souhaite maintenant n'écrire que ce qui peut profiter aux autres et aux siens. Elle note ce qui fait le mieux comprendre son évolution religieuse et recopie les étapes les plus prégnantes et les nommant : *Vie Nouvelle* (K.198).

Parvenue à l'oraison mystique et à la prière continuelle, son biographe l'Abbé Klein détaille les étapes mystiques que d'autres auteurs ont décrites. Madeleine impressionne ceux avec qui elle s'entretient qui s'étonne de son assurance (K.206), elle répond : *Ce qui ne peut s'expliquer se prouve, car de même que l'enfant s'apaise quand il a trouvé la nourriture faite pour lui, de même l'âme connaît la paix, la paix véritable quand elle a trouvé Dieu* (K.207).

Le 28 décembre 1917, on peut entendre son attachement indéfectible à son grand amour divin quand elle écrit à son fils : *Si j'avais vingt ans, si j'étais riche et aimée d'un prince, j'irais me faire sœur de charité !* (K.159). Son accompagnateur, après un an de prudence, l'autorisera à faire un vœu définitif à Dieu. Madeleine en est heureuse et *son âme exalte le Seigneur* (K.159).

L'été 1918, on peut continuer à percevoir les questionnements de la nouvelle vie de Madeleine dans les sphères mystiques (les demeures de Thérèse d'Avila), elle est rassurée par celui qui la suit et s'appuie sur ses conseils. Un jour en prière à l'église, elle voit aux premiers mots du « Pater » *l'image du Christ plus grande, plus précise, s'est montrée si sûrement* (mot souligné) *à moi, si lumineuse dans sa pâleur (je revois si bien le front, les paupières) que tout mon être s'est fondu de surprise, d'admiration, d'amour, comme si ma vie s'arrêtait* (K.220).

Les lettres à son directeur montrent de nouveaux sommets : *J'aime, Père, tous les jours plus* (K.222). Elle s'unit avec facilité avec Jésus en croix en méditant la Passion.

La mystique modère ses ardeurs de prière lorsqu'elle se trouve en public, ayant peur que des « malaises physiques » alertent autour d'elle. À son directeur, elle explique sa difficulté à écrire car cela la replonge dans ses états d'union à Dieu. Le 26 octobre 1920, elle confirme : *Je veux ce qu'il veut, comme il veut, rien d'autre, ni pour moi, ni pour personne, et j'attends dans l'amour sa volonté, et je crois en simplicité que le Maître bien-aimé aime ainsi sa servante* (K.231).

La chrétienne favorisée de tant de grâces s'étonne que tous ne sachent pas, comme elle, « ce secret de la vie ». *Qu'un tel amour soit possible et qu'il reste ignoré du plus grand nombre et qu'on ne laisse pas tout pour le chercher, est un affreux malheur !* (K.234).

Le 8 mars 1921, elle écrit à un ami qui ne partage pas la foi : *J'ai l'impression que je suis sur terre encore, pour servir, pour dire la vérité qui sauve, qui fait vivre* (K.235).

Les pages mystiques de Madeleine montrent qu'elle est transportée, dans un monde divin et dans de nouvelles expériences qui la déroutent dans un premier temps parfois, puis qu'elle apprivoise, décrypte et intègre. Sa vie s'adapte à ce nouveau monde intérieur avec parfois des essais et toujours l'aide de son accompagnateur. Pourtant, on sent que là encore, dans cette vie mystique, Madeleine est libre, emportée par l'Amour, elle se laisse transformer et guider.

En août 1920, huit mois avant sa mort, Madeleine écrit à un ami prêtre :

Ce matin, c'était le Couronnement d'épines. J'ai tant de dévotion pour le front blessé de Jésus ! Mais plus je compatis à ses souffrances, plus je m'offre à elles, plus l'amour m'étreint (K.263).

La mystique s'offre pour être « rendue digne » de souffrir comme son Maître.

Sa conception de la mort s'exprime dans une lettre à son fils, encore sur le champ de bataille en janvier 1918 : *J'aime que tu me dises : « Le sens de la mort est aussi celui de la vie. » C'est tellement vrai ! Il y a des gens que j'étonne en leur disant « Je vis pour mourir : la mort est la « grande idée de ma vie »* (K.264).

Dans un grand réalisme, elle écrit à une proche parente à son époque où la médecine reste encore impuissante face à beaucoup de pathologies : *La cause véritable et profonde, c'est que nous devons tous être morts et malades un jour. Après quarante ans, au lieu de s'étonner de ses malaises, il faut rendre grâce de tout ce que l'on garde de santé...* (K.265).

Comme dans un pressentiment, Madeleine à 46 ans, alors en pleine santé, écrit à une amie : *Je sais bien que je m'en vais.* (K.266) ou encore elle exprime à son directeur : *Croyez-vous que Dieu va me laisser ainsi parmi les hommes ? Ma vie est si étrange !* (K.266). Sa mort inattendue à 47 ans, lui donnera raison.

Laissons les derniers mots à son biographe Félix Klein :

« Madeleine, vivante maintenant de l'éternelle Vie, fait plus qu'au temps de sa vie mortelle pour ses proches …/… Qui sait le nombre, désormais, de ceux qu'aidera …/… son existence ?

Puissent …/… son grand amour de Dieu, embraser les âmes sans amour. » (K.272).

ANNEXE

L'Abbé Félix KLEIN, biographe de Madeleine Sémer.

Fils d'un valet de chambre chez un juge d'instruction, Félix Klein naît à Chinon le 12 juillet 1862. Jusqu'à l'âge de neuf ans, il est élevé par ses grands-parents maternels dans la Nièvre puis rejoint ses parents à Fontainebleau où il devient élève des Frères des Écoles Chrétiennes avant d'intégrer le petit séminaire de Meaux puis le grand Séminaire de Saint-Sulpice à Paris. Ordonné prêtre en 1885 dans le diocèse de Paris, il suit les cours de l'Institut catholique de Paris. Après une licence de grammaire, il entre à l'école pratiques des Hautes Études, le Collège de France et démarre une thèse. Disciple d'Henri de Tourville (1842-1907), il s'imprègne du courant chrétien-social et devient professeur au collège de Saint-Étienne de Meaux et professeur de littérature française à l'Institut catholique de Paris.

Il publie en 1893 : *Nouvelles tendances en religion et en littérature* puis devient professeur à l'Institut catholique de Paris, publiant des articles dans plusieurs revues : *le Correspondant, l'Univers, la Quinzaine, La Revue des Deux*

Mondes et dirige la *Revue* de *l'Enseignement chrétien.*

Félix Klein est favorable au courant de pensée des Américains qui veulent adapter le catholicisme à l'évolution de la société. En 1905, il approuve la séparation de l'Église et de l'État. Pendant la Première Guerre, il est aumônier de l'ambulance américaine de Neuilly. En 1918, il est envoyé en Amérique par le gouvernement français et deux évêques pour y être en mission. On lui propose ensuite le poste d'évêque de Monaco qu'il refuse. Il écrit également sous le pseudonyme de Seygie et maîtrise l'anglais, traduisant de l'anglais en français plusieurs ouvrages.

L'Abbé Klein écrit ensuite des livres pour enfants et la biographie de Madeleine Sémer, une enquête sur les mouvements catholiques (JOC, JAC, JEC). En 1940, il se positionne contre toute collaboration et entame ses mémoires. Robert Schuman le décore de la Légion d'honneur. Il meurt le 25 décembre 1953 à 91 ans.

Sources: Guy Thuillier, Un Nivernais professeur de l'Institut catholique : l'abbé Félix Klein (1862-1953), Mémoires de la Société académique du Nivernais, T.73, 1993, p.65-75.

Un grand merci à vous, chère lectrice, cher lecteur, d'avoir lu cette biographie spirituelle. N'hésitez pas à la faire connaître.

Si vous souhaitez suivre mes publications, vous pouvez le faire sur la page *Facebook* Inès Delajoie, auteure.

Pour me contacter, il est possible de m'écrire à l'adresse courriel suivante :

ines.delajoie (arobase) gmail.com